黃龍的動物拳法修練

無言道士與俗諺奧祕

一起來修練吧！

故事 ++
黃龍的動物拳法修練
無言道士與俗諺奧祕

徐志源　作者
金奎澤　繪者
馮燕珠　譯者

總　編　輯　陳怡璇
副 總 編 輯　胡儀芬
責 任 編 輯　王致凱
助 理 編 輯　俞思塵
封 面 設 計　Tim
內 文 排 版　Tim
行 銷 企 畫　林芳如
出　　　版　小木馬／木馬文化事業股份有限公司
發　　　行　遠足文化事業股份有限公司（讀書共和國出版集團）
地　　　址　231 新北市新店區民權路 108-4 號 8 樓
電　　　話　02-2218-1417
傳　　　真　02-8667-1065
E m a i l　service@bookrep.com.tw
郵 撥 帳 號　19588272 木馬文化事業股份有限公司
客 服 專 線　0800-2210-29
法 律 顧 問　華洋法律事務所 蘇文生律師
印　　　刷　凱林彩色印刷股份有限公司

2024（民 113）年 2 月初版一刷
定　　　價　380 元
I S B N　978-626-97967-3-1
　　　　　978-626-97967-4-8（EPUB）
　　　　　978-626-97967-5-5（PDF）

特別聲明：有關本書中的言論內容，不代表本公司／出版集團之立場與意見，
　　　　　文責由作者自行承擔。

國家圖書館出版品預行編目 (CIP) 資料

黃龍的動物拳法修練 / 徐志源文；金奎澤圖；馮燕珠譯 .
-- 初版 . -- 新北市：小木馬，木馬文化事業股份有限公司
出版：遠足文化事業股份有限公司發行，民 113.02
176 面；　16x22 公分
譯自：황룡의 속담 권법 : 무언 도사와 비밀의 책
ISBN 978-626-97967-3-1（平裝）
1.CST: 俗語 2.CST: 俚語 3.CST: 漫畫 4.CST: 韓國
539.932　　　　　　　　　　　113000955

황룡의 속담 권법 : 무언 도사와 비밀의 책
Copyright © 2023
Written by Seo JiWeon & Illustrated by Kim GyuTaek
All rights reserved.
Original Korean edition published in 2023 by Danielstone Publishing.
Chinese(complex) Translation rights arranged with Danielstone Publishing.
Chinese(complex) Translation Copyright © 2024 by Ecus Publishing House.
through M.J. Agency, in Taipei.

無言道士與俗諺奧祕

動物 黃龍的
拳法修練

徐志源 文 | 金圭澤 圖 | 馮燕珠 譯

準備接招吧！螳螂拳！

　　小時候，我很喜歡看武打電影，看完電影後，也會像本書的主角黃龍一樣，模仿電影中人物的武術招式，與朋友來一場武術決鬥。

　　無言道士對前來習武的黃龍說過這樣一句話：「不想挑水，也不想打掃院子？你只知其一，不知其二。要想變強，首先要培養力量。不是隨便揮揮拳腳就能成為高手，要想變成真正的強者，就要從頭開始，一步一步鞏固實力。」

　　黃龍透過修練武術，領悟到「真正的強大不是擁有多少新的東西，而是堅持做好一件事。」

　　如今幾乎沒有人不識字，在韓國，無法閱讀的文盲比例低於百分之一，但還是有很多人的理解能力很差，這裡的理解力是指「解讀文章的能力」，也就是在閱讀文章時，能夠掌握脈絡、理解單詞、正確解釋的能力。

　　越來越多人習慣看智慧型手機或其他 3C 產品。比起閱讀文章，人們觀看影片的時間更長，所以閱讀文章時感到更難，文字理解能力也變弱。如果文字理解能力退步，不僅是國文，就連用母語寫的社會、科學、數學、英語等科目的教科書也會變得難以理解，如此一來，就會變得越來越沒有自信。

所以我寫了這本書，像武術，「呼！哈！」像打擊壞蛋，「呼！哈！」希望可以幫助孩子開心的學習，迅速提升文字理解能力。

理解能力的基礎是詞彙能力，如果熟悉詞彙，那麼口語、聽力、閱讀、寫作也會跟著進步。若能多懂一些俗諺，詞彙量就會變得豐富。在俗諺中遇到不懂的詞彙，可以練習透過前後句來推敲理解，隨著詞彙能力的提高，文字理解能力也會跟著變好。

俗諺是很久以前流傳下來的簡短妙語，短短一兩句話裡卻包含了深遠的意義，長篇大論只要用一句俗諺，就可以充分傳達意思。多了解俗諺，我們就能輕鬆表達自己的想法和心意，也能讓別人留下深刻的印象。

跟黃龍一起學習俗諺拳法吧。要記住，真正的強大不是擁有多少新的東西，而是堅持不懈。只要看到動物圖片就會自動想起俗諺，那麼大家都可成為俗諺武術高手！

徐志源

你也想成為俗諺高手嗎？

出版序

讓人忍不住一起喊出諺語，
手腳跟著比劃的有趣故事！

　　《黃龍的動物拳法修練》描述的是主角黃龍經歷的一段奇幻武俠旅程。原本手機不離身的他，最討厭的就是上補習班，也把父母對他的期待視為嘮叨，雖然認識不少字，卻對字詞的含義不求甚解，看到每個字都認得的招牌就沾沾自喜（即使不懂這些字組成詞語的意思），這使得黃龍在誤闖「無言晶屋」後發生的一切，都是艱難巨大的挑戰。

　　黃龍為了拯救自己，必須修練動物拳法祕笈，不只要了解人類觀察動物而發展出的高強武術，為了讓出招的威力強大，還必須熟記俚語字句並大聲喊出，才能震攝對手，拯救眾人。

　　這本書 2023 年在韓國一推出，就受到大小朋友的喜愛，小讀者們對於書中生動的漫畫與文字、奇特的穿越故事與有趣的情節著迷不已；中小學的閱讀老師們也同聲推薦，對於有這麼一個吸引人的故事，能夠在潛移默化中讓小朋友認識流傳已久的俗諺、俚語，感到興奮。

　　閱讀這本書，我們也會驚奇的發現，即使是相隔千里的不同國家、不同社會，卻都有自古流傳下來，與動物相關的拳法武術以及成語俗諺，讀來真是十分親切，有些俗諺雖然說法不同，但在台灣也有相似的說法和詞彙。人們自古就懂得以大自

然為師，並運用為生活的智慧，這也是《黃龍的動物拳法修練》一書讓人反覆閱讀的原因。

隨著中文版的推出，我們也特別為台灣的孩子整理出台灣生活環境中與動物相關的常用詞語，以及閩南語俚語，同學們可以看看文字，連結字義，再試著讀讀看，最後想一想，這個俗諺可以運用在生活中的什麼情境呢？這個練習非常有趣，就像主角黃龍一樣，持續不斷的練習是強大自己的不二法門。誠如本書作者所言，當我們認識並能運用更多的詞彙時，我們的文字理解能力和表達能力，一定會變得越來越強。

讓我們，一起加入黃龍的修練吧！

小木馬總編輯
陳怡璇

登場人物

黃龍

最討厭看書，只要書中出現難懂的詞，腦子就會一片混亂。媽媽說放假就要送他去上補習班，他該怎麼辦？

無言道士

與黃龍的爺爺住在同一個村子，在最角落的一棟老房子裡，是一位幾乎足不出戶的道士。但眾人不知道，她其實是位寡言的武術高手，可以用遁地術在一夜之間抵達很遠的地方，就算是厚重的木頭也可以像切蘋果一樣輕鬆劈開。

乾坤

原本是無言道士家養的狗。有句俗諺說「學堂裡的狗三年會吟風月」，生長在武術高手家的狗，在耳濡目染之下也學會了拳法。或許是因為模仿人類說話，所以聲調像鸚鵡一樣有點重。

一汪、二汪、三汪

乾坤的孩子們。可能是因為從小
吃山蔘長大，成長的速度與一般
小狗不同。他們視黃龍為競爭
者，想比黃龍更快掌握拳法。

多言道士

無言道士的雙胞胎弟弟。據說，小時
候無言道士從父母那裡得到動物拳法
祕笈，多言道士則得到了植物拳法祕
笈。多言道士的目標是成為最強的武
術高手，統治這個世界。

黃聰

黃龍最喜歡的叔叔。總忙著在果園種
水果而沒有時間談戀愛、結婚。

黃旺

黃龍的爺爺。平時最喜歡和村裡的人
下象棋。

目次

與無言道士的相遇

爺爺住的村子裡還有這麼老舊的房子啊！

無言晶屋

無言晶屋？

看來上課還是有點用，至少我看得懂那些字。

偷瞄

在那裡！
我的手機啊！

呵呵呵～小狗狗，你們好啊！不好意思打擾了，我拿了手機就走喔……

抓

拉

那個老婆婆是怎麼回事啊？那些小狗居然還穿了道服？這……是真的嗎？

咔嚓

雖然不知道是怎麼回事？但管不了那麼多，先溜再說！

兵兵兵兵

拿到了！

你休想！

咻……

媽呀……

登登登

咻！

是蒲公英？看來應該是多言道士沒錯。

我想也是。

噗咻噗咻

倒下！

啊！

他吞下了千年丹，身體會承受不住。

得趕快運氣調息*才行。

師父是要把真氣給他嗎？不行啊，萬一遇到多言道士……

現在顧不了那些了。

可是……

* 運氣調息：
指透過呼吸調節真氣。

喝啊 啊 啊～

啾〜呼呼 呼呼

真不知道為什麼偏偏落入那個小子的嘴裡……

可是我好像看到最後是媽媽踢了一腳，然後就……

……

頭昏眼花

猛然 坐起！

你們還敢多嘴，之前是怎麼說的？媽媽不是叫你們要集中注意力，好好守護的嗎？

瑟縮……

我該不會是在做夢吧？

呼〜

呵呵呵～真是抱歉，沒問一聲就自己進來了，我是來找手機的，那麼這就先失陪……

起身

你想去哪？

你吞下了千年丹就想一走了之，這說不過去吧？

啊？那顆糖果嗎？

那我先打個電話給我媽。我們家裡有類似的保健食品……

媽，拜託接電話啊……

不對！狗怎麼會說話？

都是多虧了你吞下的千年丹啊！

乾坤說的沒錯。因為千年丹打開了你的五感，所以現在狗說話你也能聽得懂。

若想好好控制這股力量，就必須留在這裡進行修練。

請問您是⋯
要修練什
麼⋯⋯

忘了自我介紹。我是無需
多言、擁有超凡能力的
無言道士！

我是大弟
子，**乾坤。**

二汪！

我是一汪！

三汪！

呃⋯⋯看起來好像是跆拳
道館。不好意思，我已經
在別的道館
上課了⋯⋯

悄悄⋯⋯
⋯⋯

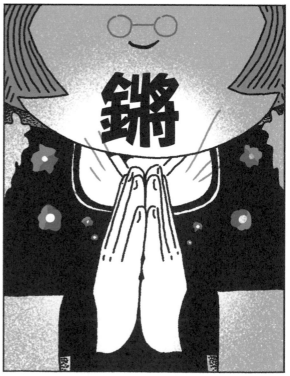

不行。

不好意思我
先走了。

啪！

啊！

蕭瑟～

我的衣服……怎麼變成道服了？

這裡是專門修練武術的祕密道場。

可是我沒有跟媽媽講就出來了……

這你不用擔心，我已經派另一個黃龍過去了。

什麼？

你也可以想像成是一種分身術。

那個黃龍現在應該在你爺爺家，他已經跟你媽媽通過電話，也獲得原諒了。

那個分身會代替你上補習班、唸書、考試、吃蔬菜。

真……真的嗎？

不行不行，我還是得回家去。

要回去可以，先把千年丹吐出來。

我又不是故意吞下去的。

什麼？

明明就是你們打成一團，然後東西就莫名其妙掉進我嘴裡了啊，不是嗎？

那你當時為什麼要張開嘴？

不要吵了！黃龍，看看你的手。

手？

這……這怎麼回事？

熱氣～

騰騰～

你的胸口現在是不是感覺有股熱氣不斷湧上來？

真的，感覺熱熱的……

撲通

撲通

撲通

撲通

如果不好好控制千年丹，很可能會沒命。

什麼？

雖然可惜，但你若真的不願意那也沒辦法。好了，我們走吧。

是！

不……等一下！

只要我願意修練就會沒事了，對吧？

當然。你不只會安然無事，而且還會成為武術高手。好，簽名吧！

咻

✚ 與無言道士的約定 ✚

一、本人 ＿＿＿＿＿＿＿＿＿ 吞下了千年丹，從現在開始進
　　行身心的修練。

二、在可以自由自在控制好力量之前，本人願意聽從無言
　　道士的吩咐。

三、在修練期間願意忍受一切辛苦。

四、修練期間若拒絕四次以上，或試圖逃離此地二次以上，
　　無言道士得以向本人要求支付千年丹的費用。

✚ 特別條件 ✚

若違反以上任何一項要求，無言道士都可以隨時與本人父
母聯絡。

本人 ＿＿＿＿＿＿＿＿ 同意以上內容，並簽名以茲證明。

簽名 ＿＿＿＿＿＿＿＿

原來千年丹是那麼危險的東西啊？

噓！

沙沙

簽好了。

收

咳咳！

從現在起你要叫我『師兄』*。

為什麼？

我比你早入門三年，當然是師兄啊。

但你是狗，我是人啊…

那以後不管誰來找你麻煩，都休想我會幫忙。

我明白了。師……師兄

＊師兄：指年齡、知識、德行高於自己的人，不拘性別。

很好，現在一切都準備就緒了。

準備什麼？

準備修練！

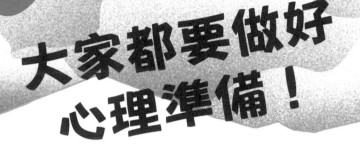

大家都要做好心理準備！

是，師父！

無言晶屋

第一關

傳說中的
動物拳法祕笈*

★祕笈：為了不讓別人看到而祕密收藏的書籍。

「來，收下這本祕笈吧。」

「這是……」

無言道士從懷裡拿出一本寫著《動物拳法》的冊子。

黃龍用顫抖的手翻開第一頁，眼前出現一隻仰起前足攻擊獵物的螳螂，旁邊寫著「螳螂拳」。

「螳螂拳？」

「你就照著書裡畫的練習吧。」

「這螳螂在比劃什麼啊？」

黃龍學著書中的螳螂，舉起兩隻手揮舞。

什麼螳螂啊！黃龍心想，要是同學看到自己現在的樣子，一定會笑到在地上打滾。

「呿～學這種噁心的蟲子能練成什麼武術？」

黃龍扔下書轉過身，然而耳邊卻傳來無言道士如雷聲一般的喝斥。

「竟敢小看修練！你去溪邊挑水，再把水倒進那口乾井裡，直到裝滿為止。」

「呼！呼！」

黃龍一直來回挑水，直到月亮都升到空中，精疲力竭的黃龍累得倒在院子裡，整個身體呈現「大」字形。這時，三隻小汪一擁而上，狂舔黃龍。

「好鹹喔！」

「呃啊，不要舔了！」

「你又沒做什麼，怎麼這麼快就躺下了？」

乾坤沒好氣的問道。

「我一直在挑水耶！師父真奇怪，口口聲聲說要教我武術，卻只是叫我挑水，不然就是模仿搞笑的蟲子動作。」

「你不知道那拳法有多厲害嗎？」

「你說螳螂很厲害？」

螳螂拳

特色

- 螳螂拳為活用前臂的拳法。
- 若在使用時搭配正確的俗諺，手臂就會變得像螳螂一樣靈活有力。

✛ 螳螂的特徵 ✛

前足彎曲像鐮刀一樣，便於捕食。發現獵物時，通常會跟隨在獵物後方伺機攻擊。頭部呈三角形，可以靈活轉動，下顎的力氣很大。

俗諺一 | 螳臂當車

語譯

螳螂舉起前臂阻擋比自己還巨大的輪子。

釋義

比喻不自量力,隨意挑戰強者。

俗諺二 | 螳螂捕蟬,黃雀在後

語譯

螳螂只顧著捕捉眼前的蟬,卻沒發現黃雀就在自己身後。

釋義

只追逐眼前的利益,卻看不見即將逼近的危險。

黃龍照著書擺出像螳螂一樣的動作，四平八穩的站著。

「喔，沒想到模仿螳螂拳的動作竟然一次到位！」

「挺有天分的嘛！」

「了不起！」

乾坤與三隻小汪在一旁歡呼助興，黃龍又再比了一次，突然噗哧一笑。

「這拳法根本就是小菜一碟！」

黃龍一心想學真正厲害的拳法，他哼了一聲說：

「這動作只不過是模仿螳螂而已，能夠厲害到哪裡去呢。」

「看來你沒見過真正的螳螂攻擊其他昆蟲的樣子。」乾坤說道。

黃龍聽了只是搔了搔鼻子。

「黃龍，螳螂是很不簡單的昆蟲，他可以瞬間爆發強大的力量，一口氣壓制住比自己大好幾倍的昆蟲，然後吃掉。」乾坤說。

黃龍繼續練習螳螂拳，過了一段時間，他感覺全身的力氣彷彿都湧向指尖，手指充滿力量。

連續好幾天不分日夜，黃龍獨自練習螳螂拳。

「練得怎麼樣？」

乾坤不時探問，似乎很擔心黃龍的實力會超越自己。

「唉，我覺得好像也沒變得多厲害啊。」黃龍沒好氣的說。

乾坤肩膀一挺，帶著高傲的口氣說：「馬上學會就不叫拳法了。你應該學學我，實實在在的用心修練。」

「啊！我好想馬上學會真正厲害的拳法！」心急的黃龍跺著腳說。

乾坤在他耳邊低聲說道：「噓，這個拳法隱藏著非常特別的祕密，如果只是一味的學習動作，動作再熟練也沒用，必須配合俗諺，才能發揮真正的威力。」

「俗諺？」

黃龍再度翻開師父給的祕笈，這才注意到在拳法動作旁寫了密密麻麻的文字。

螳臂當車

語譯 螳螂舉起前臂阻擋比自己還巨大的輪子。

釋義 比喻不自量力，隨意挑戰強者。

41

螳臂當車？欸～這根本是不可能的事嘛！

鄙視

不要只看字面的意思，你要去思考裡頭真正的含意，才能發揮俗諺的力量。

喝

喝哈

螳臂當車
真正的含意…

會被輪子壓扁吧…

吱！

有其他含意嗎？

你聽過『螳螂拒轍』嗎？意思是螳螂在路中間攔下車子並攻擊。

衍伸的含意就是挑戰比自己能力更強的人。

喝嘿！

但會不會是因為螳螂已經先找好完美的閃避之處所以才敢去攔車呢？

到底有什麼祕密呢？

唉……

跺腳

跺腳～

「不知道對方的實力強弱，就貿然出手只會吃虧。師父不是說過，真正強大的是什麼？」乾坤問道。

黃龍的腦海中瞬間浮現無言道士的話。

不想挑水，也不想打掃院子？你只知其一，不知其二。要想變強，首先要培養力量。不是隨便耍耍拳腳就能成為高手，若想成為真正的強者，就要從頭開始，一步一步鞏固實力。真正的強大不在於擁有多少最新的東西，而是堅持做好一件事。

「啊哈！」

黃龍這才明白，為什麼無言道士總是一直使喚他去跑腿。從這一刻起，為了培養好基礎的體力，黃龍更加勤奮的鍛鍊，學習動物拳法。

他埋頭苦練，轉眼又過了幾天幾夜。

「螳螂捕蟬，黃雀在後。」

喝〜喝哈〜

每當黃龍擺出螳螂拳的動作時，就會感覺手指像是有道銳利的風劃過，指尖彷彿成了一把殺氣騰騰的劍。

黃龍高興得跳了起來，直奔去找乾坤和小汪們。

「乾坤，你看你看！這招怎麼樣？」

「喔，不錯耶！」

黃龍興奮的揮舞著雙臂，展開螳螂拳法。

「螳臂當車。」

黃龍想像著眼前有一輛大卡車，然後迅速揮動手臂，猶如推開卡車一般。

呼呼簌簌～他的手臂一揮，如同車輪轉動一般吹起了狂風。

嘩啦啦！啪啦！

「啊！你把醬缸打破了！」

「那可是師父最寶貝的醬缸！」

「快點收拾乾淨，不能讓師父發現！」

黃龍和小汪們迅速把醬缸碎片全都推到大廳地板下方藏起來。

第二天，無言道士一大早就準備出門。

「師父，您要去哪裡？」

「我要去確認你的分身，就是那個木頭黃龍是不是安然無事啊。然後還要去市場買點東西……不過，怎麼沒看到我的醬缸呢？我還特地把清澈的水都收集起來放在那個缸裡……」

「啊！我們快點來練拳吧。看我的**螳螂捕蟬，黃雀在後……**」

黃龍、乾坤和小汪們怕被師父發現缸已經破了，趕緊找藉口離開。

「哼，我一定要把這本祕笈裡寫的招式全都練熟，讓師父大吃一驚……」

黃龍急著想練到拳法祕笈的最後一頁，但奇怪的是不管他怎麼翻，就是無法翻頁。原來是因為這本拳法祕笈具有強力的魔法，必須按照順序用心修練，練好一招才能翻頁練下一招。

　　「好，既然這樣，我們就一口氣練好吧！」

　　終於把螳螂拳練得非常熟之後，黃龍順利的翻開下一頁，看到畫了隻猴子敏捷爬樹的頁面。

　　「猴拳！」

　　猴拳是利用手掌的力量攻擊敵人。黃龍模仿書中猴子的動作，反覆練習數十次，感覺手指關節似乎變得強而有力，動作更敏捷。

　　為了練習猴拳，黃龍每天都到溪邊挑水數十次，反覆做著同樣的動作。三隻小汪也跟著一起勤快的練習。

　　這天練到一個段落，黃龍暫時休息擦擦汗。他看到牆邊的樹長得又高又大，突然有種很想爬樹的感覺。

　　「要不要試試看爬到樹頂上。」

　　「我也要！」

「我也要！」

黃龍跳起來爬上大樹，三隻小汪也吵吵鬧鬧想爬樹。

嘿！嘿！嘿！

黃龍不只爬到樹上，甚至還可以從一棵樹跳躍到另一棵樹上。

「三隻小汪，看我的厲害！」

黃龍像猴子一樣敏捷的跳來躍去，一個不小心……

「呃！啊啊啊！」

黃龍失足跌了下來，要不是乾坤即時發現，躍起咬住黃龍的衣角，他恐怕會一頭栽到地上。

「你沒聽過『**猴子也會跌下樹**』嗎？」乾坤沒好氣的說道。

「真的，我差點就像俗諺說的一樣啊。」

黃龍抓抓頭不好意思的笑著，乾坤和三隻小汪也爆出笑聲。

恰巧無言道士走了進來，他看到黃龍的實力日益精進，露出欣慰的表情。黃龍內心很期待得到無言道士的稱讚，可是……

「肚子餓了，吃飯吧！」

「一開口就是吃飯，到底什麼時候才會稱讚我？」

黃龍噘著嘴露出失望的表情，這時無言道士又說：「你還有很長的路要走。所謂**猴子抓蝨子**，意思就是要仔仔細細的觀察，絕對不能這麼容易自滿。對了，說到這，吃完飯後，就學**猴子抓蝨子**，去觀察後院裡的樹吧。」

「那麼多樹……全部嗎？」

「對，全部，一棵也不要漏掉。」

黃龍望著溪邊的樹林嘆了口氣說：

「唉，這樣下去我真的要變成猴子了。」

猴拳

特色
- 學習猴子懸吊樹木的拳法。
- 若在使用時搭配正確的俗諺，就會變得像猴子一樣身手敏捷，爬樹、跳躍的能力都會提高。

✚ 猴子的特點 ✚

像人類一樣，使用手（前肢）的頻率很高。手臂和腿很長，很會爬樹，智商高，喜歡吃香蕉。

俗諺一 猴子抓蝨子

語譯

猴子抓蝨子吃。

釋義

自然界中的猴子會在同伴身上抓蝨
子，比喻仔細觀察尋找的樣子。

俗諺二 猴子也會跌下樹

語譯

擅長爬樹的猴子也會有從樹上掉
下來的時候。

釋義

比喻無論多麼熟悉和擅長某件事，還
是會犯錯或失誤。義同「人有失言，
馬有失蹄」。

51

第二關
無言道士 的特訓

「是時候了。」

黃龍開始正式跟著無言道士學習武術。

他們有時在無言道士家的院子裡修練,有時則會到後山進行練習。自從跟著無言道士學習之後,黃龍的實力也突飛猛進。

「三隻小汪的實力好像也提高了不少。」

聽到無言道士的話,三隻小汪異口同聲的說:「我們一定要勝過黃龍!」

「哼,我也要更加努力修練。」

52

黃龍心裡一直很不服氣必須把乾坤當師兄，更擔心連三隻小汪的實力都勝過自己。他求好心切，於是一個人偷偷跑到田裡修練。

　　「俗諺拳法！」

　　黃龍認真努力的比劃手腳，這時，躲在田埂周圍的青蛙突然放聲大叫。

　　呱呱！呱呱！

　　「啊！」

　　青蛙的叫聲越來越大，黃龍捂著耳朵痛苦不已，要不是乾坤和小汪們及時出現包圍住黃龍，他的耳膜可能真的會破裂。

　　「還好嗎？」

蛙拳

難度	

特色
- 學習青蛙善於跳躍的拳法。
- 若在使用時搭配正確的俗諺，就能像青蛙一樣可以跳得非常遠。

✦ 青蛙的特點 ✦

身體又粗又短，但四條腿很發達，特別是後腿，擅長跳躍。
還有舌頭可以伸得很長，便於捕食螳螂、蒼蠅等昆蟲。

俗諺一　　蛙鳴雨落

語譯

當天氣轉為陰雨時，青蛙特別會鳴叫。

釋義

當空氣中溼氣重，青蛙就會比平時鳴叫得更頻繁。因此在農業時代，老一輩的人常利用這個特點作為判斷氣候的重要線索。

俗諺二　　井底之蛙

語譯

在井底出生、長大的青蛙所看到的天空，就只有井口一般大小。

釋義

比喻見識淺薄，不了解世界之大的人。

「那些青蛙好像不是普通青蛙啊！」

「為什麼不是普通青蛙？難道是牛蛙？還是有特異功能的青蛙？」黃龍問道。

乾坤表情嚴肅的回答。「這聲音聽起來像是熟悉拳法的青蛙。我猜一定是多言道士為了監視師父而故意放在這裡的。」

「多言道士？是誰啊？」黃龍又問道。

「多言道士是師父的雙胞胎弟弟。雖然同年同月同日生，但個性卻完全不一樣。」

「怎麼說？」

「如果說我們師父是傳統故事裡善良的興夫*，那麼多言道士就是壞蛋孬夫，心術不正，邪惡、固執、滿肚子壞心眼。多言道士精於植物拳法，他可以利用植物的力量，並操縱生活在植物附近、或以植物維生的昆蟲或動物。」

青蛙的叫聲越來越大了。

「不是有句俗諺說『**蛙鳴雨落**』嗎？」

乾坤話剛說完，天空突然一片陰沉，大雨隨即嘩啦啦的落下。黃龍、乾坤和三隻小汪連忙跑回家。

---

*源自韓國傳統故事《興夫傳》。興夫和孬夫是兄弟，貪婪的孬夫霸占了遺產後，把善良的興夫趕出家門。後來興夫救了一隻受傷的燕子，燕子為了報恩衔來一粒葫蘆種子給興夫，興夫從結出的葫蘆裡得到大量的金銀財寶和一座富麗堂皇的房舍。財迷心竅的孬夫最後則是落得傾家蕩產。

呱呱呱～呱呱呱～呱呱呱～

奇怪的是，青蛙的叫聲越來越大，而且好像一路跟著他們。

「啊！我的耳朵要被震聾了。」

「太吵了，我都聽不見你說話。」

一汪、二汪、三汪都皺著眉頭。

「**蛙鳴雨落**有什麼特別含意嗎？」黃龍問乾坤。

「陰天的青蛙會叫得特別勤，也就是說，溼氣越重，青蛙就會鳴叫得越厲害。」

黃龍、乾坤、三隻小汪用力摀住耳朵，但刺耳的蛙鳴還是不斷深入。

「啊！我快受不了了，耳朵痛到快要受不了。」

就在這時，無言道士突然現身，她一躍而起，朝天空用力伸出手掌。

啪！

一股狂風捲起，瞬間驅散了滿天烏雲，原本不絕於耳的蛙叫聲突然中斷了。

「哇，師父，這又是哪一招？居然可以用手掌的力量驅散烏雲！」

「這招叫**井底之蛙**。以蛙拳高高躍起，順勢掀起掌風。對不知天高地厚的無知之人使用這招，還會出現真正的井把對方困住。」

「真了不起！」

黃龍迫不及待想要趕快學會，成為像無言道士一樣強悍的人。

「師父，從現在起我一定會非常努力學習。」黃龍握緊拳頭說。

「很好，我期待你的努力。」

第二天，無言道士一大早就把黃龍叫醒。

「小子，快去打掃院子。」

「是！」

黃龍二話不說，立刻前去院子打掃。一旁的乾坤看到不禁歪著頭說：「今天太陽是從西邊出來了嗎？」

黃龍拿起掃帚開始打掃。

「動作這麼慢，什麼時候才能把院子掃完？」

無言道士催促著，黃龍聽了停止動作，雙手合十，大

聲喊道：「臥牛出恭！」

接著嘴裡呼出一口氣，院子裡隨即颳起了一陣旋風，原本落葉四散的院子瞬間就變得乾乾淨淨。

「呵呵呵，這麼快就學會牛拳了啊？」無言道士微微一笑。

看到眼前的狀況，三隻小汪不停追問黃龍。

「你什麼時候背著我們偷偷趕進度？」

「真卑鄙！」

「應該大家一起練才對啊！」

黃龍摀住耳朵，大聲喊道：「對牛彈琴！」

突然間，周圍的空氣變成保護膜一般，包覆在黃龍的耳朵周圍。呼，黃龍吹出一口氣，空氣保護膜就變大了，把三隻小汪的聲音隔絕在外。無言道士看著黃龍，露出意味深長的表情。

「師父，那傢伙的實力不錯啊，已經開始熟悉俗諺了。」乾坤說道。

無言道士點點頭說：「是啊，他的確進步很多。」

而三隻小汪仍不放棄圍著黃龍，吵著要學牛拳。

難度

特色

● 活用牛強大力量的拳法。
● 若在使用時搭配正確的俗諺，可以在空氣中產生氣體團塊。

牛拳

✦ 牛的特徵 ✦

力氣大，頭上的角可以攻擊敵人，強勁的後腿可以飛踢，還能用尾巴把附在身上的蟲子趕走。

俗諺一 ┆ 對牛彈琴

語譯

對著牛彈琴，牛一點反應也沒有。

釋義

比喻講話、做事不看對象，說得
再多再好也沒有用。

俗諺二 ┆ 臥牛出恭

語譯

牛就算躺臥著也可以排泄。

釋義

出恭是「排泄糞便」的意思，從自
然界的牛隻觀察到的動作，比喻做
事不費吹灰之力，輕鬆就能完成。

雞拳

特色

● 活用雞嘴啄食的拳法。
● 若在使用時搭配正確的俗諺，嘴會變得像雞一樣尖銳。

✦ 雞的特點 ✦

用嘴啄食。雞的羽翼退化，所以飛不起來，但腳力相對較強。母雞每年產蛋約一百～二百二十個。

俗諺一　　　如雞望牛，如牛見雞

語譯

牛與雞面對面相遇也很冷淡。

釋義

大自然中，雞和牛不同種類，幾乎不會有互動。比喻對彼此視而不見、漠不關心，義同「馬耳東風」。

俗諺二　　　以卵擊石

語譯

拿脆弱的雞蛋砸石頭。

釋義

比喻以弱攻強必定失敗。

黃龍！我們也想變強，快教教我們雞拳吧！

什麼呀！拜託你教我們，你卻嘀嘀咕咕的。

偷喵 偷喵

偷喵

你在說什麼啦？

天啊？你怎麼馬上就使出雞拳了？

蹦

真是太過分了。

那就是如雞望牛，如牛見雞。

啊哈！

就像雞牛相遇卻互不理會、漠不關心。這一招就是無視對手、不把對方放在眼裡的意思。

啊哈！

太過分了！

真卑鄙！

不好笑！

媽媽！媽媽！那妳教教我們嘛！

怎麼連媽媽也這樣？！

嘀嘀咕咕～

哞～

蹦！

這就是……如雞望牛，如牛見雞。他們是對我們視而不見嗎？真是太過分了！

蹦！ 蹦！

哇！我們也成功了！

第三關

海邊的
石頭人

　　這天，無言道士對在院子裡練得大汗淋漓的黃龍、乾
坤和三隻小汪說：「我們今天到海邊去吧。」

　　「耶！我們好久沒有到外面去了。」

　　「到海邊我要盡情游泳。」

　　「我要抓好吃的章魚。」

　　三隻小汪興致勃勃，開心的又叫又跳。難得可以放鬆
一下，黃龍也很開心。

　　「遁地術！」

要是平常，走一整天也到不了海邊。

　　但大家用遁地術輕輕鬆鬆抵達，目的地蔚藍的大海在眼前一望無際。黃龍覺得自己的實力提升不少，抬頭挺胸充滿了自信。

　　「下水前一定要先熱身，你們先把鯨拳和龜拳練熟了再下水。」

　　「啊？我還以為今天不用練了⋯⋯」

　　「乾坤也是第一次到海邊修練，你和黃龍還有三隻小汪也要一起努力！」無言道士對著乾坤說道。

　　黃龍和乾坤聽了都忍不住嘟囔，但無言道士看起來沒得商量，只得先練拳再說。

　　無言道士說完就先離開，留下黃龍、乾坤和三隻小汪在沙灘上練習鯨拳和龜拳。

　　「好熱。」

　　「就是啊，我也覺得好熱。我們練得差不多了，應該可以去海裡玩了吧？」

　　黃龍和乾坤有點猶豫，但一汪已經等不及先跳入海裡玩起水來，還興奮的招呼兄弟們加入。

　　「哇哈哈，快來啊，真的好好玩喔！」

　　「真的嗎？」

　　二汪、三汪也迫不及待奔向海中。一汪朝黃龍潑水，慫恿他也一起來玩。

難度	
特色	● 活用鯨魚呼吸方式的拳法。 ● 若在使用時搭配正確的俗諺，可以掀起巨大的浪花。

鯨拳

✛ 鯨魚的特徵 ✛

鯨魚是一種透過肺部呼吸的哺乳動物。頭上有噴氣孔，在水中時緊閉，浮出水面會將噴氣孔裡的水和肺部裡的空氣噴到空中。

俗諺一	鯨魚相爭，傷及小蝦

 語譯

體型巨大的鯨魚打架時，會傷及
體型較小的蝦子。

釋義

比喻強者之間的爭鬥常會傷及
無辜。義同「池魚之殃」。

俗諺二	捕鯨網纏蝦

語譯

撒網沒捕到鯨魚卻只捕到蝦。

釋義

從古時候漁夫的生活中觀察而產生
的俗諺，比喻費了一番工夫卻未達
目的，只得到些沒用的東西。

<table>
<tr><td rowspan="2">難度</td><td></td></tr>
<tr><td></td></tr>
</table>

難度

龜拳

特色

● 活用烏龜殼的拳法。
● 若在使用時搭配正確的俗諺，就會產生堅硬的防護罩。

✦ 烏龜的特徵 ✦

背部的殼相當堅硬。與其他動物相比，烏龜的壽命相當長。下顎力氣很大，必須當心不要被咬。生活在海中的龜，游泳能力很強，但在陸地上行動緩慢。

俗諺一	在烏龜背上搔毛

語譯

在不長毛的烏龜背上搔毛。

釋義

比喻得不到的東西，不管再怎麼努力都是白費功夫，與成語「徒勞無功」相似。

俗諺二	龜背山，蟹背石

語譯

烏龜和螃蟹背上的殼又硬又平，不管放什麼都不會倒。

釋義

意指有實力堅強的靠山。

「啊！好冷！」

黃龍泡在海裡，全身溼透。他瞬間打起精神，使出拳法掀起巨浪，浪花嘩啦嘩啦打在三隻小汪身上，逗得他們哈哈大笑。

「好，我也加入！」

乾坤說完隨即跳入海中，手忙腳亂的划動。看到乾坤游泳的姿勢，黃龍忍不住笑了出來。

「你這是在嘲笑我嗎？」乾坤生氣的說。

「哈哈哈，我不是故意要笑你，但真的很搞笑！」

「喝哈！」

乾坤在水中使出龜拳，發出強大的掌風，一股巨浪環繞著黃龍的身體，黃龍乘著風浮出水面後又沉入水裡。

「嗚哇，這比在水上樂園玩還刺激！」

黃龍興奮的大聲說道。三隻小汪看了也吵著要乘風破浪一番，於是黃龍、乾坤和三隻小汪在海裡玩得不亦樂乎。

不知不覺，太陽慢慢沉入海裡。

「呃，好冷。」

黃龍和乾坤、三隻小汪突然覺得冷了起來。

　　「你們這些傢伙，在水裡玩了那麼久，體溫當然會下降。」

　　無言道士從松林之中走了過來，叫徒弟上岸去撿樹枝來生火取暖。

　　「我們來比賽看誰撿得最多！」

　　「好！一定是我！」

　　「才怪，我會撿得比你們更多！」

　　三隻小汪蹦蹦跳跳的奔入松林中，黃龍也追了上去。

　　這時，沙灘震動起來，地底下似乎有某種很巨大的東西活動著。

　　黃龍一時不敢相信自己的眼睛！

　　眼見一個巨大的石頭人出現，蜷縮著身體，接著慢慢站直，它身上不時落下碎石塊。地面開始搖動，灰濛濛的塵土飛揚。

咚！砰！

「我是在做夢嗎？」

一時楞住的黃龍呆呆站著，只剩兩隻眼睛眨啊眨。

咚，咚，咚咚。

石頭人向黃龍走來，地面簡直快被掀起來。

「啊啊啊！」

黃龍像凍僵了似的，無法動彈。

石頭人紅色的眼睛瞪著黃龍，似乎要把黃龍擊碎成粉末。而黃龍只是站在原地瑟瑟發抖。

「哼！」

無言道士用鼻子呼了一聲，運行體內真氣，一躍而起，出拳攻擊石頭人。

轟隆！轟隆！

石頭人的頭開始崩塌，沒多久就消失了。

但是不過幾秒的時間，沙灘上的碎石和沙子突然颼颼的被捲到空中，凝聚成堅硬的石塊，石頭人又重新形成。

「可惡！竟然比剛才更結實了！」

無言道士和石頭人展開對決。

一般石頭就算擁有力量，你們還是有能力可以打敗它們。但眼前這一塊，靠你們是贏不了的。

因為塗了植物魔藥的石頭，會吸取你們拳法的能量。

隆

隆

隆

隆

師父！

你們快逃！

黃龍啊。

躍 起

我們師父是無言道士，這麼說來，多言道士是不是更厲害啊？

其實，師父會陷入苦戰……都是因為你。

你吞下千年丹之後差點小命不保，是師父把真氣分給你才救了你的命，所以現在她的力量還沒完全恢復。

什麼？

快走啊，不然會有危險。

師父……

不，我不走，既然是因為我的關係，那我更不能走。我現在已經不是那個不想去補習就逃跑的黃龍了。

什麼！

咻咻咻

砰！

咚咚咚

哎喲！

實在是太丟臉了。

「呼，總算解決了。真是個難纏的怪物。」

黃龍坐在地上大口大口喘氣，乾坤和三隻小汪也鬆了一口氣。

轟隆隆，轟隆隆隆。

「什麼聲音？」

突然，一堆碎石又飛到空中。

「呃，石頭人好像又要重新變身了！」三隻小汪喊道。

無言道士搖著頭嘆道：「難道龜拳不管用嗎？那麼我們該……」

她看著黃龍和乾坤、三隻小汪，腦中浮現鯨拳。

「鯨拳？」

「沒錯，把身體變得像鯨魚一樣大，然後胳膊向兩邊揮動。」

乾坤按照無言道士的指示動作，黃龍也跟著師兄。

「捕鯨網纏蝦！」

「什麼？」

「快跟著喊！這樣對方就無法達成目的，只會白費功夫而已。」

黃龍照著無言道士的指示，在乾坤身旁將身體膨脹成鯨魚一樣，並揮舞胳膊。三隻小汪看了也跟著做。

就在大家異口同聲高喊俗諺的瞬間，海面上掀起了巨大的波浪，形成比房子還高大的波浪網，黃龍、無言道士一行人順勢撲向石頭人。

嘩啦啦啦啦。

浪花散去，黃龍和無言道士等人睜開眼睛，雖然身體都溼了，但大家都平安無事。

「哇！」

「石頭人消失得無影無蹤。」

「海面又恢復平靜了。」

「鯨拳真了不起。」

黃龍和三隻小汪拍手叫好，正如俗諺**捕鯨網纏蝦**，石頭人未達目的失敗了。但在一旁的乾坤卻不見笑容。

「師父，看來多言道士開始行動了吧？」乾坤看著無言道士悄聲說道。

「是啊，危機馬上就要來臨了。」

無言道士一臉嚴肅，並吩咐乾坤：「乾坤，如果我出了什麼事，你就帶著他們躲到安全的地方。」

聽了無言道士的話，乾坤的表情像石頭一樣僵硬，笑容盡失。

第四關

祕密特訓

第二天，天還沒亮，乾坤就急急忙忙催促著大家。

「快點起來，特訓的時間到了。」

黃龍和三隻小汪揉著惺忪的雙眼。

「啊？什麼特訓？」

「要去哪裡？」

「我不想去很遠的地方！」

「媽媽，我們不吃早飯就要出門了嗎？」

三隻小汪七嘴八舌，乾坤忍不住提高音量：「現在立刻準備出發，快！」

三隻小汪這才安靜下來，迅速起身行動。

「要去哪裡？」黃龍問。

乾坤表情嚴肅的回答：「跟我走就是了。」

黃龍和三隻小汪跟著乾坤一路走進山裡。

山路非常險峻，三隻小汪在爬坡時一直滑倒，但是乾坤並沒有停下腳步，一直往前走。

「呼！呼！師父呢？」

「師父在與石頭人搏鬥的過程中受傷了，她要我先帶你們去修練場。」

「很嚴重嗎？」

黃龍又驚訝又擔心，不禁提高了音量。

「不用太擔心。我們得快點，師父交代了很多功課。」

不久，他們抵達一個山洞，洞口狹小，只勉強容得下一個人爬進去。

乾坤一下子就鑽了進去，黃龍和三隻小汪也尾隨在後。剛才在外面看以為只是個小洞窟，沒想到裡頭卻像迷宮一樣，有許多錯綜複雜的通道。他們左彎右拐了好一陣子，最後終於到達一塊寬敞平坦的空地。

「好，從現在開始我們要在這裡進行特訓。」

乾坤把拳法祕笈交給黃龍。

「喔？這個……」

之前黃龍一直想翻頁，卻怎麼樣都翻不過去。神奇的是，現在在洞窟內居然輕輕鬆鬆就能翻到下一頁。

「鶴拳？」

黃龍看到拳法祕笈裡畫的鶴之後咯咯笑了起來。

「你在笑什麼？」

「鶴腿那麼細，根本就沒什麼力氣，練這個拳法有什麼用？難道腿會變得像鶴一樣細長嗎？」

「你練了就知道。現在沒時間胡說八道，情況緊急。」

乾坤的聲音聽起來很焦急。

「像這樣單腳站立，然後兩手像搧動翅膀一樣對吧？」

黃龍模仿祕笈中畫的鶴拳招式，但可能是因為腿的力量不足，單腳站立根本無法練習招式。

在乾坤嚴厲的指導下，黃龍反覆練習同樣的招式。乾坤要黃龍像鶴一樣，隨時隨地都只能用一條腿站著。

「啊，非得那樣不可嗎？」

「你必須快點學好！這是師父留給我們的特別任務。你忘了那個石頭人有多可怕嗎？師父交代一定要學好這個拳法！」

「知道了，我做就是了。可怕的石頭人怪物……我記得一清二楚。不管一百次還是一千次，我都會照著做。」

鶴拳

特色

- 運用鶴的翅膀以及腿的拳法。
- 若在使用時搭配正確的俗諺,就可以像鶴一樣,擁有寬大翅膀的力量。

✦ 鶴的特徵 ✦

長腿、長頸、長嘴,頭頂為紅色,可深入水中覓食,翅膀展開寬度可達二二〇～二五〇公分左右。

俗諺一 ┊ 就著鶴腳的洞窺視

語譯

透過像鶴腿一樣細而小的洞仔細看。

釋義

像鶴腿般細小的洞，如果要看清楚，要很用心。比喻專心觀察的樣子。

俗諺二 ┊ 鶴嘎嘎叫，鸛也嘎嘎叫

語譯

鸛學鶴的叫聲。

釋義

不同種類的鸛，居然也會模仿鶴的叫聲，比喻有樣學樣的意思。

難度 ✊ ✊ ✊ ✊ ✊

特色
● 活用老虎咆哮聲的拳法。
● 若在使用時搭配正確的俗諺，會變得像老虎一樣手腳靈巧。

虎拳

✦ 老虎的特徵 ✦

是現存所有貓科動物中體型最大，卻可以安靜的移動，雖然不像豹那麼會爬樹，但水性佳，很會游泳。前腳非常有力，光憑聲音就能震懾對手。

俗諺一	宿虎衝鼻

語譯

趁老虎睡著時搔虎鼻。

釋義

野生老虎睡著時，人類還上前去搔牠鼻子的癢，是極度危險的。比喻如果無故去刺激別人，久了就會惹出問題。

俗諺二	山中無老虎，猴子當大王

語譯

在沒有老虎的地方，猴子也能稱王。

釋義

比喻沒有優秀的人在，普通人得到勢力。

黃龍把一條腿綁起來，練習以單腿移動，隨著時間推移，他感覺腿部肌肉聚集更多力量，變得越來越結實了。

黃龍張開雙手，像鶴展翅一般，瞬間，他的個子變得像鶴一樣挺拔，雙臂像鶴的翅膀一樣巨大。

就著鶴腳的洞窺視！

黃龍高喊俗諺，雙臂撲刺刺的上下擺動，揚起狂風。

「哇！好像快要飛起來了。」

「黃龍啊，接下來該學虎拳了。」

「這麼突然？」

「如果鶴拳和虎拳一起使用出招，就可以發揮雙倍的力量。」

乾坤表示因為自己和三隻小汪都是犬類，不管怎麼練習，都無法完全發揮虎拳的強大威力，因此才要黃龍好好練習。

「哼，我們如果努力一點應該也可以練成啊！」

「對，就讓你見識見識小狗也可以比老虎還可怕！」

三隻小汪不服氣，也跟著練虎拳。黃龍看著他們，不自覺露出微笑，同時重新打起精神練習。

「等著吧，等我練成之後，再好好教你們。」

黃龍像老虎一樣猛然伸出拳頭，在一旁的三隻小汪也快速的揮動短短的腿，努力練習鶴拳、虎拳。

就在他們用心修習拳法之際，一旁蘆葦田裡似乎閃過陰森森的瞳孔，那眼神讓人感覺很可怕，背脊發涼。

「乾坤，剛才蘆葦田裡好像有什麼東西在動。」

「什麼？」

「我也不確定，看起來像是閃著青光的眼睛。」

黃龍使出鶴拳招式，深入觀察蘆葦田內的動靜，突然看到蘆葦微微晃動，某個身上有黑色條紋的東西在動。

「喔！那裡！」

黃龍才出聲，一隻巨大的動物瞬間從田裡跳出。

「是老虎！」

像小牛一般大的老虎張著血盆大口瞪著三隻小汪。

乾坤迅速抬起前腳大聲喊出俗諺。

「宿虎衝鼻！」

乾坤的前腳變得像虎掌一樣。

「嗷嗚！」

老虎試圖攻擊三隻小汪，但是乾坤動作更快，將前腳伸向老虎的肋下。

老虎雙眼惡狠狠的瞪著乾坤，乾坤也不甘示弱，露出銳利的牙齒對老虎發出怒吼。黃龍也順勢使出虎拳，大聲喊俗諺。

「山中無老虎，猴子當大王！」

喊完之後，黃龍的動作變得更有力、更敏捷。看到老虎正撲向乾坤，黃龍立刻朝老虎肋下奮力一擊。

老虎被擊飛到遠處，似乎有點害怕。老虎看看三隻小汪、乾坤和黃龍遲遲不敢往前，牠看看四周，隨即消失在蘆葦叢裡。

「雖然老虎逃走了，但牠可不是一般的老虎。我見過，確定牠就是多言道士平時騎乘的老虎。」

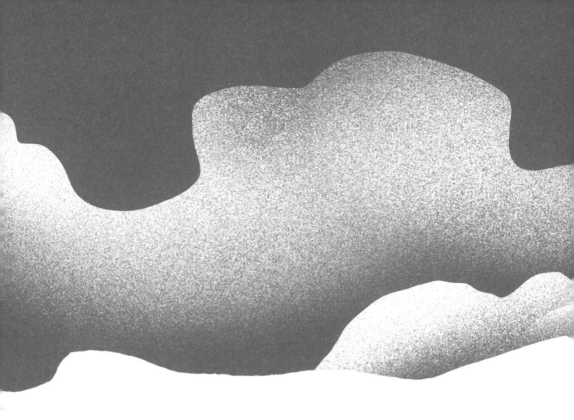

「多言道士？」

「嗯，看來師父一定是發生什麼事了。」

「什麼？那我們得趕快去找師父！」

「不，你們留在這裡好好練拳，師父再三叮囑過，你
們學成拳法之前絕對不能離開這裡。」

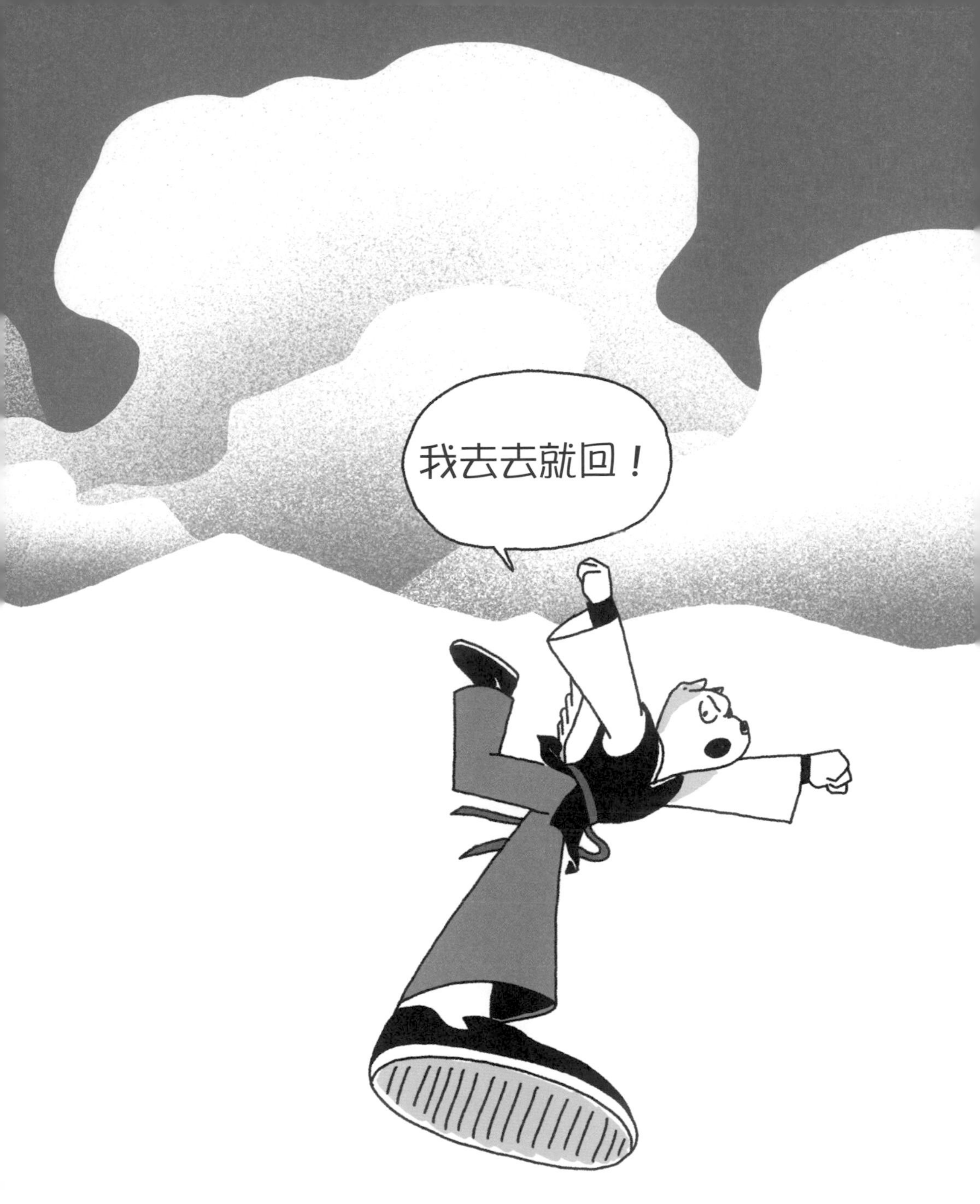
我去去就回！

第五關

多言道士的
邀請函

　　黃龍和三隻小汪終於結束特訓，懷著不安的心情朝無
言道士的家跑去。

　　回到無言道士的家，黃龍一看到現場整個人都僵住了。

　　到處都是岩石、沙子和碎石，屋子裡裡外外都亂七八
糟，看來好像是在海邊那個石頭人闖進來過一樣。

　　「師父！乾坤師兄！」

　　黃龍焦急的四處尋找，這時從屋內的角落傳來乾坤的
聲音。

　　「我在這裡！」

　　乾坤手裡拿著一張紙條。

　　「我只找到這個。」

蕭蕭瑟瑟～

若想見到無言道士
就帶著動物拳法祕笈到比武場來。
——多言道士——

　　看完紙條的內容，黃龍緊握著拳頭。

　　「襲擊師父的多言道士到底是什麼人？他不是師父的弟弟嗎？做弟弟的怎麼能對姐姐這樣？」

　　「不是有句話說『人心不足蛇吞象』，人的貪慾永無止境。多言道士和師父小時候從父母那裡分別收到不同的拳法祕笈，但他不滿足，連師父的也想占為己有。」

103

「所以他才會把師父抓走？」

黃龍心急如焚的想立刻去救無言道士。這時一汪似乎聞到一股味道，用前腳在地面挖啊挖，沒多久時間就挖出一張地圖。

「這是前往比武場的地圖。」

「師父把地圖埋在這裡，就是怕你我會陷入危險。所以你還是不要衝動，多言道士的實力非常強大，我們根本沒有辦法跟他對抗。」

「不！我不能在這裡乾等，無論如何我都要去比武場救師父。」

黃龍剛說完，一汪接著發聲。

「我跟黃龍的想法一樣。」

「對，我們去救師父。」

「一個人很難，但只要我們三個……不，加上媽媽，大家一起同心協力，一定可以打敗任何人。」

聽了三隻小汪的話，乾坤只得點頭。黃龍手裡緊握著師父給的拳法祕笈，與乾坤和三隻小汪前往比武場。

咚　咚

你們是什麼人？

我……我們
是無言道士
的弟子。

進去吧，祝你們好
運，呵呵呵！

哼哼哼

你們看，那個人就是多言道士。

哈哈哈哈

雖然是雙胞胎卻完全不像。一看就像壞人。

貪心鬼，連臉都長得歪七扭八。

「哼，就算長得那樣，我……我……我也不怕。」

黃龍雖然嘴裡這麼說，雙腿卻發軟。但他還是鼓起勇氣，用顫抖的聲音對多言道士喊：「請放了無言道士……不，我警告你最好快把無言道士放了！」

多言道士慢慢站了起來。

「還真是會說大話啊，只要你能贏我，我就放了無言道士；如果你輸了，就要把動物拳法祕笈交給我。怎麼樣？」

「好！你以為我怕你啊！」

黃龍握緊拳頭，三隻小汪也汪汪汪的怒吼。

「呵呵呵，很好，那就用你們最引以為傲的動物拳法來進行對決吧？」

多言道士說完，空中飄落一張寫著比武規則的紙張。

比武規則

一、一對一較量，但是中途可以更換選手。
二、比武過程中超出比武界線之外就自動淘汰！
三、可使用拳法奧祕，但每一回合只能使用一種。
四、最後一回合必須與我——多言道士一決高下。

第一回合登場的對手，是剛才守在比武場入口處的螳螂高手。

「又見面了，呵呵呵。別以為只有你們會用螳螂拳。」

螳螂高手嘬嘴笑著說道。

「媽媽、黃龍，我先上！」

一汪先站了出來。第一回合開始。

「就讓你看看什麼叫真正的螳螂拳！」

喀嚓！喀嚓！

螳螂高手向一汪展開猛烈攻擊。一汪雖然也使出螳螂拳，但看來無法抵擋螳螂高手的攻勢。

「一汪，出拳時要喊俗諺！」

黃龍出聲提醒，一汪立刻喊出俗諺。

「螳臂當勺！」

「啊，不是啊！」

「啊？不是勺，那是別的嗎？」

一汪想不透，前腳卻突然變成了一支小勺子。一汪一時慌張往後退了幾步，螳螂高手趁機高舉前臂攻擊。

鏘！

攻擊非常猛烈，就連鐵鑄的銅像也斷成兩半。螳螂高手趁勝追擊。

「一汪，小心！」

一汪試圖用變成勺子的前腳擋下攻擊，但力量不夠，漸漸支持不住。螳螂高手接著換手攻擊，一旁看不下去的黃龍猛然躍起，擋在螳螂高手面前。

「交換！」

「呵，換人也沒用。」

黃龍冷靜的使出螳螂拳法，同時高喊俗諺。

「螳臂當車！」

一瞬間，黃龍的胳膊變成了巨大的螳螂臂。

「你在胡說什麼！」

螳螂高手顯然不知道黃龍喊的俗諺是什麼意思。

黃龍用宏亮的聲音說道：

「意思是不自量力，隨便就想挑戰強者。就是在說你啊。再來，**螳臂當車！**」

黃龍再次準確喊出俗諺並揮舞前臂，這回突然不知從哪兒冒出了車輪。

「呃……啊啊啊！」

為了閃避輪子，螳螂高手飛到半空中。

110

「現在該用一用可以抓住螳螂的俗諺吧？**螳螂捕蟬，黃雀在後！**」

黃龍更快速揮舞前臂，前臂颳起急速狂風，幻化成大鳥的模樣，將地上的泥沙吹起，不一會兒，泥沙聚集成老鷹的樣子，向螳螂高手展開攻擊。

「啊！救命啊！」

沙鷹撲向螳螂高手，將他捲入天際，就像螳螂被天敵吃掉一樣。

黃龍、乾坤和三隻小汪看著螳螂高手消失，都鬆了一口氣。

「你居然把俗諺背下來了！黃龍，你真了不起！」

「唉，真是辛苦。」

「下一回合，我們應該可以勝利吧？」

「當然！相信我！」

第六關

動物俗諺
的力量

叮，叮，叮。

結束第一場對決後，黃龍、乾坤和三隻小汪搭上一旁的電梯。

電梯上升到一半突然一陣搖晃，接著燈熄了，電梯猛然停了下來。驚慌失措的黃龍按下緊急按鈕。

「有人嗎？我們被困在電梯裡了！」

黃龍敲著電梯門大喊，但是卻聽不到任何的聲音。

突然，黃龍看到陣陣怪煙從電梯四周的牆縫滲了進來。

「這是什麼煙？」

黃龍覺得奇怪，接著就頭暈目眩、喘不過氣來。

「呃！」

「黃龍，振作一點！」

三隻小汪不停舔黃龍的臉頰，但是他的意識卻越來越模糊。

「黃龍啊！乾坤啊！」

電梯內傳來熟悉的聲音，是無言道士的聲音。

「師父！」

乾坤喊道。接著聽到無言道士沉穩的聲音說：「這部電梯被佈下魔法陣。多言道士發現黃龍吃了千年丹，為了奪走他的力量才設下這卑鄙的陷阱。」

「乾坤，還記得動物拳法中的『雞拳』嗎？」無言道士繼續說。

「雞拳？」

「想逃出這裡就要用雞拳！要是繼續被困在電梯裡，你們恐怕都會窒息而死！」

乾坤努力集中精神，回想雞拳的招式，但三隻小汪卻慌了陣腳。

「電梯這麼堅固我們要怎麼出去？」

「媽媽，我們會永遠困在這裡嗎？」

「以石擊卵！黃龍啊，你快振作起來。」

「以石擊卵？不對。」

乾坤集中精神，一邊使出雞拳，一邊喊著俗諺。

「以卵擊石！」

乾坤的嘴瞬間變得像雞的嘴一樣尖，牠用尖尖的嘴不停啄電梯門。一汪、二汪、三汪也齊聲高喊「**以卵擊石**」，牠們的嘴也變得像雞嘴一樣。

咚咚咚！咚咚咚咚咚！咚咚咚咚咚咚！

牠們奮力猛啄電梯門，不久，終於出現一個小洞，牠們沒有停止，繼續啄到洞變成人頭一般大小，乾坤叫三隻小汪先出去，然後試圖喚醒黃龍。

「黃龍，你還好吧？」

「呃……這是什麼地方？」

「是電梯裡。我們快點從那個洞出去！」

　　就在黃龍準備從電梯裡出去時，突然冒出一個青蛙模樣的老爺爺。不用說，一定是多言道士派來的高手。

又要對決了嗎？

嘿

小鬼一個……想用螳螂拳？讓我好好教你們什麼才是真正的動物拳法。

蛙鳴雨落！！

呱
呱
呱
啉
啊 啊 啊

這什麼雨，怎麼這麼重？！

嘩 啦 啦 啦 啦

呃啊！

呃呃呃……

站立

呵呵呵，身體開始僵硬了吧。這是因為剛才在電梯裡吸到的煙，加了多言道士的迷幻藥。

呃……太卑鄙了。

螳……螳臂……當……

呃！

黃……黃龍啊，用螳螂拳無法贏過青蛙拳的。

戳

這裡交給我，你到後面去。

沒關係嗎？

滴答～

滴答答

我可是你師兄，功力比你要好多了，你這麼快就忘了嗎？

你好好照顧三隻小汪。

過來，小汪們。

哼！

這次換狗是吧？俗話說「學堂裡的狗三年能吟風月」，既然是無言道士家的狗，耳濡目染久了自然會幾招。

你說什麼？你這隻青蛙……

可惡，現在換我來教訓你。

不，黃龍，我還可以。

媽！

真的沒問題嗎？

嗯，我想戰到最後。

別擔心，孩子們。

嗚……

媽……如果我是蛇，就可以一口吞掉那隻青蛙了……

！

謝謝你，一汪，你說的沒錯。

你等著吧！

站起

真可憐啊，要逃之前，先乖乖把拳法祕笈交出來。

在找到無言道士之前，我們決不會離開。

吼～

「剛才師兄說的『蟒蛇吞青蛙』是什麼意思？」黃龍有點害羞的問道。

「啊！那句俗諺啊，意思是青蛙的天敵就是蛇，所以蟒蛇吞下青蛙根本輕而易舉，被吞下的青蛙只能在胃中被消化分解。」

「啊哈！」

黃龍、乾坤、三隻小汪士氣大振，一同往上走，準備會一會下一個對手。

遠處傳來巨大的腳步聲，前方揚起白濛濛的煙塵，接著出現了一個頭上長著大角的物體。

「那個……是什麼？」

那是一隻身形龐大的巨牛。巨牛看著體型比自己小很多的黃龍、乾坤和三隻小汪，忍不住噗哧一笑。

「什麼呀，要我跟這些小東西比試嗎？」

三汪一邊發出怒吼一邊站上前。

「你是要跟我較量嗎？臭小子，你還差得遠呢。」

「不要小看我！」

三汪毫不畏懼的喊著。

「待會你們可別被打到痛哭流涕啊！」巨牛嘲笑三汪。

三汪接著使出牛拳。

「對牛彈球！」

三汪大聲喊道，但一點變化也沒有。

「老么，你確定你喊的是俗諺嗎？」

二汪問三汪。

「那不然是……聽牛彈琴？」

這回在巨牛的周圍掀起微微的塵埃，但只維持幾秒鐘就消失了。

巨牛哈哈大笑。

「哈哈哈，你這種小毛頭不可能知道牛拳。」

黃龍對三汪說。

「三汪，你再好好想想，我們不是練過很多次了嗎？對著牛彈奏樂器的話……」

「啊哈，我知道了。」

三汪重新擺好架勢，然後一字一字大聲的喊出俗諺：

「對牛彈琴！」

一朵烏雲突然出現在巨牛的頭上，沉重的琴聲連續不斷流泄，圍繞在巨牛的周圍把他困住，無法出手。

「呃！這是怎麼回事？」

巨牛渾身發抖，想要後退，但琴聲把巨牛團團包圍讓他透不過氣來。

「哞，啊，啊，我投降！」

「不要仗著你體型巨大，就能在我們面前耍威風。」

三汪向黃龍擺出了勝利的手勢。

「做得很好，三汪！你簡直就像是『臥牛出恭』一樣輕輕鬆鬆就贏了。」

倒在地上喘不過氣的牛聽到了猛然喊道：

「喂，我才不會那樣拉屎呢！」

第七關

困在比武場

「嗯，俗話說青出於藍，更勝於藍，看來徒弟比師父厲害多了。」

透過監視器看到接連獲勝的黃龍、乾坤和三隻小汪，多言道士表情凝重了起來。

黃龍、乾坤和三隻小汪爬上十一樓，打開高大的鐵門，一群拳法高手們早已守候多時，怒瞪著黃龍。

「各位前輩，我希望能夠堂堂正正的較量一番。」黃龍點頭打招呼說道。

這時，不知從哪裡傳來了奇怪的唸咒聲。

「是多言道士的聲音！」

　　多言道士嘰嘰喳喳的念著咒語，拳法高手們的眼神漸漸變得異常。

　　「咳咳！」

　　「嘎嘎嘎嘎！」

　　「臭小子，快把祕笈交出來！」

　　比武場上眾高手一同撲向黃龍、乾坤和三隻小汪，此時他們的眼神看起來很奇怪。

　　「乾坤師兄，他們的眼神看起來很空洞。」

　　黃龍說道。

　　乾坤聽了有氣無力的回答：「嗯……好像是……」

　　乾坤似乎連說話的力氣都沒有了。

「這樣下去，恐怕是會**鯨魚相爭，傷及小蝦。**」

黃龍又說道，但乾坤似乎沒有聽到，像失了魂似的喃喃自語：「給我……拳法祕笈……給我。」

「師兄！三汪你們怎麼了？」

黃龍嚇了一跳，乾坤和三隻小汪的眼神也變得像那些拳法高手一樣空洞。

「在這個比武場上的人一個個都變得好奇怪，這到底是怎麼回事？」

黃龍左閃右躲，連忙躲藏在巨大的石像後面。

但地板突然裂開，一個龐然大物冒出來，是岩石怪物。一群岩石怪物朝黃龍揮舞著拳頭。

「啊啊啊！」

黃龍為了躲避岩石怪物，又逃回比武場中央。岩石怪物們突然瞬間粉碎，接著又凝聚在一起，形成堅固的石牆，黃龍被困在場中央無法動彈。

「太卑鄙了，你們到底要做什麼！」

黃龍瞪著比武場上方的監視器大喊。

「無言道士的徒弟連這個也破解不了？」

多言道士嘲笑道。

「喝！螳螂！哈！猴子！喝哈！牛！」

黃龍使出從《動物拳法》中習得的各種招式，不停擊打石牆，但是石牆就算被打破也會立刻恢復原狀。

　　黃龍不放棄，不停的擊打石牆，堅硬的石牆開始出現裂縫。

　　「再用力一點！」

　　外面傳來高手們的聲音，原來那些拳法高手也爭先恐後的敲擊石牆，想要搶奪祕笈。

　　黃龍頭上冒出一顆顆汗珠，照這種情況，即使成功逃到牆外，說不定正好被那些高手們逮個正著。黃龍背上冷汗直流，腦中一片空白。

　　這時不知從哪裡傳來無言道士的聲音。

　　「黃龍啊，那些傢伙被多言道士催眠了，想必你是因為吃了千年丹，所以才沒有被催眠。」

　　「師父？師父！您在哪裡？」

　　「我現在無法透露，但你仔細聽我說。」

　　「我該怎麼辦？您到底在哪裡？」

　　「我教的拳法沒有辦法對付這裡所有的傢伙，必須要想出新拳法才行。」

　　「可是我一個人要怎麼做啊？」

黃龍哭喪著臉說。

「打破石牆把那小子抓出來。繼續敲，大家不要停！」

「啊啊啊啊，喝，喝！」

碰！一聲巨響，石牆裂開，坍塌了。

被多言道士催眠的拳法高手們全都瞪著黃龍。

「越是危險的時候，越要沉著冷靜，不是說天無絕人之路嗎？在這種時候你更應該打起精神！黃龍，你看看這些石像，有沒有發現祕笈裡沒有出現過、新的動物？」

依照無言道士的話，黃龍也打起精神，仔細觀察眼前的動物石像。

　　猴子、螳螂、鶴、雞、青蛙……石像間有陌生的動物映入眼簾。

第八關

創造新的動物拳法

「師父要我找出祕笈裡沒出現過的動物，若說是新的動物，難道是指想像中的動物——龍嗎？」

「黃龍，《動物拳法》祕笈在你身上嗎？」

「是的！」

「你拿著祕笈去石像旁邊。沒有時間了，祕笈絕不能被搶走。」

聽了無言道士的話，黃龍飛快的跑向龍石像旁。但這時傳來了多言道士的聲音。

「你急著跑去哪兒啊？嘿嘿嘿，快點投降吧！」

黃龍，你快進入龍的口中坐下！

站住！放棄吧！

快把祕笈交出來！

呼呼

啊呀！

咻

落下

呼

突然

<table>
<tr><td rowspan="2">龍拳</td><td>難度</td><td></td></tr>
<tr><td>特色</td><td>● 利用龍的神祕力量。
● 若在使用時搭配正確的俗諺，就可以瞬間獲得龍的力量。</td></tr>
</table>

✦ 龍的特徵 ✦

是在東亞神話傳說中常出現的想像動物。在韓國神話中，蛇經過修行後獲得如意珠，就可以變成龍。具有控制天氣的能力，平時穿梭在雲層之上。

俗諺一	魚躍龍門

語譯

魚經過努力也能變成龍。

釋義

比喻不管做什麼事，只要長期努力，一定能取得好成績。

俗諺二	山溝現龍蹤

語譯

在山溝裡出現神話中罕見而神聖的龍。

釋義

龍出現在極為崎嶇的環境中，比喻在艱困的環境下也會培養出優秀的人才。

龍拳的威力強大驚人。巨大的力量湧向黃龍的胸膛，向四面八方擴散，心臟簡直像要爆炸一樣。

包括被催眠的乾坤在內，眾多高手揮舞著拳頭撲向黃龍，但從黃龍身上爆發的力量形成一道堅固的防禦網。

砰啊啊啊啊啊！啪啊啊啊啊啊啊！

黃龍伸長脖子、踮起腳尖，運用體內千年丹的能量，發揮出更大的力量。

「啊啊啊啊，好刺眼！」

「感覺要被吹走了！」

「我好像全身都要融化了！」

沒有一個拳法高手可以接近黃龍。

砰、砰、砰……

拳法高手們一個個無力的倒下，空洞的眼神慢慢回復到原來的樣子。

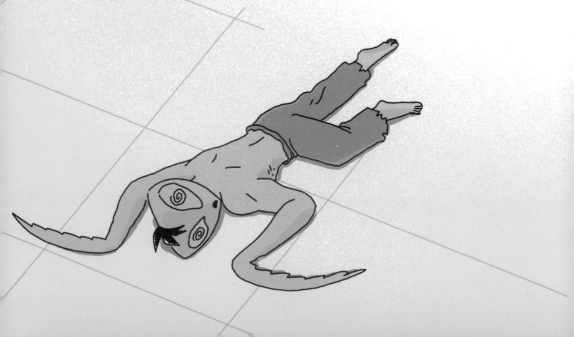

第九關

殊死對決

「大家沒事吧？」

黃龍吐出長長的一口氣，稍微放鬆了一點。

　　嗯，砰！

鋼鐵大門猛然打開，一身黑衣的多言道士走了進來。

「呵呵，居然已經可以練就新拳法了，真是令我大開眼界！」

因為是雙胞胎的關係，多言道士和無言道士聲音有點相似，但給人的感覺卻完全相反。

「師父在哪裡？」

「我們重新來較量一場怎麼樣？如果我贏了，你就交出祕笈離開這裡；要是你贏了，我就讓無言道士安全的回去。怎麼樣？」

「我要如何能相信你的話？」

「這次是真的，在最後的對決中，只要贏了我就可以，很簡單不是嗎？」

好，出招吧！

我倒要看看你如何擋得了我的植物拳法。

咻咻咻！

咻咻咻咻

咚咚

我可以的！我現在擁有龍的力量。

握拳

伸掌！

看你抖得跟楊柳樹一樣。

什麼啊……身體抖得太厲害，動都動不了了。

抖抖 抖抖

步步 逼近

暫停！
我們一起來對抗他！

你們應該很清楚，這麼做可是違反規則。

你沒有資格說這種話，你還不是偷偷放迷魂煙。

什麼啊，這又是哪一招？

哈哈哈，你上當了。

宿虎衝鼻。就是比喻無故去刺激別人，久了就會惹出問題。

意思就是……

……你現在有麻煩了。

蠕動

蠕動

蠕動

毛……
毛毛蟲？！

爬出

竟然用毛毛蟲對付我的植物拳法！太過分了！！！

左滾右翻

呵呵！

成功了！！

多言道士，快認輸吧，把師父交出來！！！

呃……可惡。

什麼認輸？我絕不認輸！

地瓜開花，天災就來！

啪啪

什……什麼？

這又是什麼俗諺？

不見了！

敲敲

轟隆隆隆

碰

轟轟隆

乾坤、黃龍、小汪們，快點離開這裡。

師父？

您在哪裡？

我沒事，不用擔心我，快點走。

不行，沒有師父我們不走！

沒錯。

現在不是任性的時候！

臭小子們，聽我的話！

乾坤，快點。

是……師父！

黃龍，現在只能相信師父了。

可是……

碰 掉落

快走。

鶴拳！

第十關

最後的故事

不知經過了多久？黃龍睜開眼睛，周圍的樣子隱約可見，他看到了「無言晶屋」的大門，這才發現自己躺在無言道士家的院子裡。

「這到底是怎麼回事？」

「汪汪。」

乾坤很高興的吠叫著，一汪、二汪、三汪也看著黃龍，興奮的搖著尾巴。

「師父呢？」

「……」

雖然無言道士不在無言晶屋內，但這裡到處都有她留下的痕跡。

突然，黃龍感覺腳邊有一種熱呼呼的感覺，是一汪在小便。

「呃，你怎麼了？平常不會這樣啊。」

黃龍抬起腳。

「黃龍，你在那裡做什麼？」

爺爺和叔叔站在大門外。

「這麼晚了還不回家吃飯，在這裡做什麼？」

爺爺有點不高興的訓斥黃龍。

「我和住在這裡的無言道士一起……」

「啊？什麼無言道士？」叔叔問道。

「她是非常厲害的武術高手。叔叔不知道嗎？」

叔叔抓抓頭說：「很久以前好像有聽說過這個村子裡住了武術高手。對吧？爸爸？」

「好像有這回事，不過那已經是很久以前的事了。總之我要回去吃飯，然後去下棋！」

「我等等也要去果園，快點吧！」叔叔催促黃龍。

黃龍一臉鬱悶問道：「叔叔，你從來沒見過住在這裡的老婆婆嗎？爺爺也沒見過嗎？」

「你在說什麼啊？這棟房子已經有三百年歷史，沒人住在這裡了。」

爺爺說完就自顧自的朝家的方向走，一邊招手示意叔叔和黃龍快跟上。

黃龍回頭看了看房子。

屋內乾坤對著黃龍汪汪叫，旁邊是三隻小汪。

「叔叔，等一下！」

黃龍向乾坤和三隻小汪走去，看到三隻小汪正在舔著
一本書。

「唉，不要隨便亂舔啊。」

黃龍拿起地上的書，封面寫著《動物拳法》。

「就讓我好好複習一下吧。」

黃龍看著這本神祕的書，臉上露出微笑。

對決未完待續……

台灣常見的動物詞語

　　讀完黃龍的冒險故事，你是不是也學了幾招動物拳法呢？相信你一定有點訝異，沒想到即使在不同的地方，卻都有以動物為靈感的武術和詞語俗諺。你還想得出來生活中有那些常見的動物詞語嗎？這裡我們也列出以書中提到的動物發展出的成語及俗諺，看一看，你認識幾個呢？

猴

沐猴而冠
沐猴是指獼猴，整句的意思是性情急躁的獼猴學習人類戴起帽子。比喻人虛有其表，沒有真材實料的本領。

馬不知臉長，猴子不知屁股紅
馬不覺得自己的臉長，猴子不覺得自己的屁股紅。用來比喻厚臉皮的人。

雞

呆若木雞
在任何時候，都像木頭刻成的雞一樣動也不動。用來形容一個人愚笨，或是受到太大驚嚇而愣住的樣子。

雞犬不寧
雞和狗都沒辦法好好休息。比喻被嚴重的騷擾。

牛

割雞焉用牛刀
宰殺雞隻不需要使用宰牛的刀子。比喻處理小事情，不需要動用到重要的人才。

風馬牛不相及
風、馬和牛彼此之間一點關係也沒有。比喻事物之間沒有關聯。

鯨

蠶食鯨吞
蠶逐步緩慢的啃食葉子，鯨魚一口就吞下很多魚。比喻不同的併吞他國的方式。

鯨吞虎噬
像鯨魚、老虎般的捕抓獵物。比喻強者併吞弱者。

虎

不入虎穴，焉得虎子
沒有進入老虎居住的洞穴，就沒辦法
捕捉到老虎的孩子。比喻唯有深入去
冒險犯難，才可以達成目標。

虎落平陽被犬欺
老虎離開深山到平地反而被狗欺負，
比喻人在失勢不得志的時候，很容易
被小人欺負。

虎頭蛇尾
老虎的頭很大，蛇的尾巴很細小，用
來形容做事一開始聲勢浩大，後來
卻無聲無息。比喻做事有始無終。

龍

攀龍附鳳
依附著龍和鳳，比喻一個人巴結有權
勢、富有的人，求取更高的名利或是
地位。

龍潭虎穴
龍蛇潛伏的深水池和老虎盤據的洞穴。
比喻一個地方非常危險兇惡。

畫龍點睛
畫了一條龍後，將其點上眼睛，龍變
成真的飛走。用來比喻寫作、畫畫時，
在最重要的地方加上一筆，讓整體作
品更加完美。

台灣的有趣俚語

　　另外台灣也有很多閩南語俚語，下方列出的俚語，你知道怎麼唸嗎？如果
不清楚，試著問問長輩，這些俚語同樣也充滿樂趣呢！

　　最後可以掃描 QR Code，查查字典的唸法喔！

猴也會跋落樹跤
猴子也會跌到樹下，比喻一個人經驗再豐富老練，
也會有失手的時候。

仙拚仙，害死猴齊天
仙人們互相鬥爭，卻連累了身邊的孫悟空。比喻兩
方拚鬥，卻連累了一旁的第三者。

龜笑鱉無尾，鱉笑龜粗皮
烏龜笑鱉沒有尾巴，鱉取笑烏龜皮膚粗糙，比喻人
只會批評對方缺點，但自己也有很多缺點。

教育部台灣閩南語
常用詞辭典